Félix Azara

Informes de don Azara, sobre varios proyectos de colonizar el Chaco

Barcelona **2024**
Linkgua-ediciones.com

Créditos

Título original: Informes de don Félix de Azara, sobre varios proyectos de colonizar el Chaco.

© 2024, Red ediciones S.L.

e-mail: info@red-ediciones.com

Diseño de cubierta: Michel Mallard.

ISBN rústica: 978-84-9897-695-3.
ISBN ebook: 978-84-9897-694-6.

Sumario

Créditos _____ 4

Brevísima presentación _____ 7
   La vida _____7

Proemio a los proyectos de colonización del Chaco _____ 9

Colonización del Chaco _____ 15

Excelentísimo señor _____ 23

Libros a la carta_____ 31

Brevísima presentación

La vida

Félix de Azara, 18 de mayo de 1742 (Barbuñales, Huesca)-1821. (España.) Fue militar, ingeniero, explorador, cartógrafo, antropólogo y naturalista. Estudió en la Universidad de Huesca y en la Academia militar de Barcelona dónde se graduó en 1764. Sirvió en el regimiento de infantería de Galicia y obtuvo el grado de lugarteniente en 1775. Siendo herido en la guerra de Argel, sobrevivió de milagro.

Asimismo rechazó en 1815 la Orden de Isabel la Católica en protesta por los ideales absolutistas imperantes en España.

Mediante el tratado de San Ildefonso (1777), España y Portugal fijaron los límites de sus dominios en América del Sur y Azara fue elegido como uno de los cartógrafos encargados de delimitar con precisión las fronteras. Marchó a Sudamérica en 1781 para una misión de algunos meses y vivió allí veinte años.

Al principio se estableció en Asunción, Paraguay, para realizar los preparativos necesarios y esperar al comisario portugués. Sin embargo, pronto se interesó por la fauna local y comenzó a estudiarla acumulando el extenso archivo que más tarde conformó los cimientos de su obra científica.

Cabe añadir, además, que colaboró con José Artigas en el establecimiento de pueblos en las fronteras entre la Banda Oriental (actual Uruguay) y el Imperio del Brasil.

Azara murió en España en octubre de 1821, víctima de una pulmonía; fue también conocida su amistad con Goya, quien pintó un retrato suyo.

Proemio a los proyectos de colonización del Chaco

Lo que más exageraron los conquistadores del Nuevo Mundo fue su población y riqueza; y aunque confirmase sus cálculos la inagotable abundancia de metales preciosos que brotaron las minas, no sucedió lo mismo con los hombres, que se hallaron siempre muy inferiores en número a lo que había sido anunciado.

No faltaban vasallos a Montezuma ni a los Incas; estaban también pobladas las orillas de la mar y unas cuantas provincias interiores, donde se asilaba la gente cuando estallaba alguna guerra o contagio: pero la soledad y el silencio reinaban en la mayor parte de este continente, que se dijo después haber sido asolado por los europeos.

No es nuestro propósito justificar los actos de barbarie de que se hicieron culpables, ni tampoco las medidas impróvidas del gobierno español para el fomento de la población. Los primeros han sido juzgados por la historia, y para no dudar de lo desacertado de las segundas, basta tender la vista al Chaco, donde han sido tan antiguos como constantes los esfuerzos que se han hecho para colonizarlo.

El que lo intentó primero fue el capitán Andrés Manso, que rechazado de las fronteras del Perú por los regidores de la ciudad de la Plata, pasó el Pilcomayo con ánimo de establecerse en la margen occidental de este río; y por haber perecido a manos de los Chiriguanos, dejó a esta parte del Chaco el nombre de Llanos de Manso.

El mal éxito de esta empresa hizo abandonarla por el lado del norte, defendido con tanto tesón por la ferocidad de los habitantes y el celo de las autoridades limítrofes.

Entretanto las poblaciones avanzaban por todas partes, y antes que expirase el siglo XVI, que había sido testigo de tantas hazañas, se habían fundado Santa Fe, Santiago del Estero, Esteco, San Miguel del Tucumán, Salta, Jujuy, que formaban una zona habitada desde las costas del Paraná hasta los valles de Tarija.

Las tribus fronterizas se echaron con furor sobre estas colonias, y la de Santa Fe estuvo a pique de zozobrar bajo los repetidos asaltos de los Abipones. El gobierno de la Asunción, que presidía entonces estas provincias, no pudo mirar con indiferencia la suerte de este pueblo que le servía de escala para la navegación de Paraguay, y mandó fundar otro en las orillas del Bermejo para contener a los agresores.

La Concepción (tal era el nombre de la nueva ciudad) empezó con los más felices auspicios: los indios, que eran numerosos, opusieron resistencia, y tal vez se hubieran acostumbrado al yugo si hubiese sido suave. Pero nada omitieron los encomenderos para hacerlo intolerable, hasta que los indios, cansados de tantos vejámenes, rompieron las cadenas y volvieron a su independencia.

Más efímera fue la existencia de Santiago de Guadalcazar que había fundado Ledesma en la junta del río de Centa con el de Tarija. Entre su principio y su fin mediaron apenas siete años,[1] todos ellos marcados por infaustos acontecimientos.

No es difícil explicar estos desastres. Todas las empresas de aquella época llevan un carácter de valor que raya en lo temerario. En 1564, un tal Bazán, teniente del gobernador Pacheco, pasa de un cabo al otro del Chaco con cuarenta soldados; con 135 Alonso de Vera echa los cimientos de Concepción: con veintinueve invade Ledesma el territorio de los Ocotáes; y el gran ejército, que se organizó en 1671 con los contingentes de Esteco, Salta, Jujuy y Tarija, constaba de solo 110 veteranos. Su jefe, y maestre de campo Amusategui, al volver de una larga correría, licencia las tropas de Salta en el Fuerte de Guadalupe, deja otras en el río Ocloyas, y con treinta soldados va a escarmentar a los Mataguayos, que no cesaban de hostilizar a Jujuy.

En estas excursiones los misioneros se exponían a los mayores peligros. Las vidas de los padres Bárzana, Anasco y Osorio, están llenas de rasgos asombrosos de valor y constancia. Este último, con un negro bozal, sale de Santiago del Estero, y llega a Guadalcazar, donde lo aguardaba Ledesma. Los padres Fonte y Angulo, convidados por Alonso de Vera, van de Tucumán a Concepción, abriéndose el paso por un enjambre de salvajes, dueños de las orillas del Bermejo: todos ellos arrostraban con entereza el martirio cuando lo alcanzaban.

Pero este heroísmo, que cubre de inmortalidad sus nombres, fue estéril, y hasta perjudicial en sus resultados; porque despertó a los indígenas, y los

---

1   Fue fundada en 1628, y abandonada en 1635.

puso en choque con los invasores, cuyas fuerzas eran insuficientes para enfrenarlos.

La resistencia de los bárbaros tomaba entonces el carácter que despliega en todo pueblo salvaje, que no perdona cuando vence, ni se humilla cuando sucumbe; y en estas luchas sangrientas desaparecían hasta los vestigios que la piedad y la civilización se esforzaban de imprimir en estas incultas regiones.

Otro error de los conquistadores fue arrancar a los hombres de sus hogares, para poblar los nuevos establecimientos que formaban, o más bien para proveer de esclavos a sus fundadores. Estas migraciones diezmaron a tribus enteras; entre otras, la de los Matarás o Tonocotés, que fueron trasladados de la Concepción al Esteco; de los Vilelas, destinados a las reducciones del Salado; de los Mbayás, que pasaron al otro lado del Río Paraguay; de los Malbaláes, que sirvieron de núcleo a los presidios de Miraflores y Valbuena. Todos estos ensayos fueron desgraciados, no solo por el mal trato que los españoles daban a los indios, sino porque el hombre de la naturaleza desfallece en la servidumbre y el destierro.

Sin embargo estas pérdidas no fueron tan considerables como resultarían si tuviésemos que prestar crédito a las relaciones de los misioneros. Tan imposible nos parece que hubiese 100.000 almas en el contorno de Concepción, y 30.000 tributarios del rey en Esteco, como lo es, que «los Collas nacían con cuernos en la cabeza, y que los Surichaquís[2] eran hombres con pies de avestruz y sin pantorrillas».[3]

Lo que no admite duda es la mezcla de tantas naciones, muy distintas en su origen e idioma. Ninguna analogía existía en el que hablaban los Abipones, los Guaycurús, los Tonocotés, los Mataguayos, etc.; y las lenguas lule, toba y abipona, de las que tenemos vocabularios, impresos o manuscritos, no solo se diferencian entre sí, sino que nada tienen de común con el guaraní, el quichua, y el araucano. ¿De dónde proceden estas tribus? ¿Por dónde han transitado? ¿Cómo no han dejado rastro de su migración en los pueblos por donde han pasado? Son cuestiones insolubles por la falta completa de tradiciones y monumentos.

---

2   Voz quichua, que significa precisamente «pie de avestruz» de surí, avestruz, y chaquí, pie.
3   Lozano. Descripción corográfica del Chaco, pág. 73.

Lo único que puede afirmarse, aunque parezca una hipérbole, es, que la mayor parte de las tribus del Chaco presentan una genealogía propia, e independiente de la de los pueblos linderos o exteriores, con quienes no tienen el menor contacto.

Lo que se dijo de los Chichas-Orejones, y de las ingentes riquezas que salvaron de la destrucción del imperio de los Incas, debe relegarse entre las mentiras de que abunda la historia de la conquista. También se creyó hallarlos en una isla del río Paraguay, donde con el tiempo no se han encontrado más que lagunas. Esta credulidad es el rasero más característico del siglo XVI: el escepticismo moderno, de que fue precursor Montaigne en Francia, y que enseñó Bacon en sus obras, rayó con el siglo posterior, en que se empezó a sentir la necesidad de interrogar la naturaleza para explicar tantos fenómenos que tenían embargada la inteligencia. Pero, el aislamiento en que vivían los hombres en este hemisferio, su vida activa y azarosa, y más que todo, los hábitos estacionarios, cuando no eran retrógrados, de los que se educaban en el claustro, les hicieron mirar con indiferencia los progresos de la razón y de las ciencias, de las que habían sido los restauradores. Esta deserción quitó a la verdad el único apoyo con que contaba en estas regiones, donde no habían penetrado más hombres ilustrados que los misioneros. Destinados por educación y por instituto a combatir los errores, los propagaron en sus historias, que atestaron de especies absurdas y ridículas.

Sus mismos conatos para civilizar a los indios no siempre surtieron el efecto que debía esperarse de tan costosos sacrificios: ningún orden seguían en la fundación de sus doctrinas, y en las del Chaco se descubre la falta de un plan general de colonización. La población refluía del centro a la circunferencia, y para guarnecer las márgenes del Salado y del Paraná, se dejaban desiertas las del Pilcomayo y del Bermejo. Los jesuitas, poco antes de su expulsión, pensaron en reedificar la ciudad de la Concepción: pero no pudieron llevarlo al efecto, y nada se hizo a este respecto hasta 1780, en que Arias fundó las reducciones de San Bernardo, cerca de la Laguna de las Perlas y de la Cangayé en las mismas orillas del Bermejo. Su mente era establecer un cordón de presidios y piquetes, desde el paraje llamado las Rancherías de Amelcoy hasta el Fuerte de San Fernando en el río del Valle. Esta idea fue simplificada por Cornejo, que redujo a seis estos puntos fortificados, a saber: Zapallarcito, Tren de Espinosa, Encrucijada de Macomita, Esquina, San Francisco y Centa.

En estos principios descansan los proyectos que publicamos, sobre todo los dos últimos. Los argumentos con que los impugna Azara son más especiosos que fundados, y como podrían hacer dudar de la posibilidad o conveniencia de la navegación del Bermejo, nos proponemos examinarlos detenidamente, luego que hayamos puesto en manos del público los demás documentos inéditos que hemos reunido sobre la materia. La mayor parte de ellos los debemos a la ilustrada cooperación del señor doctor y canónigo don Saturnino Segurola, y a la bondad de la señora doña Aquilina Arias, hija del finado doctor don José Antonio, que empleó gran parte de su vida en promover esta empresa.

Buenos Aires, marzo de 1837.
Pedro de Angelis

Colonización del Chaco

Excelentísimo señor:

He leído las dos representaciones del señor obispo del Paraguay, que tratan de reducir los bárbaros del Chaco; las del gobernador intendente de aquella provincia y de don Manuel Victoriano de León que exponen lo mismo, proponiendo formar poblaciones españolas; y la del Cabildo secular de la Asunción, que quiere hacer conocer la conducta de su gobernador en el particular. Sobre todo me ordena que informe V. E. y la real cédula, que devuelvo con los demás papeles que se me han pasado.

Las cosas que he visto practicar, y las que se han practicado en el Paraguay, de más de siglo y medio a esta parte, me hacen conocer que S. M. y sus virreyes están muy ignorantes de lo que es lo que en aquella provincia se llama formar reducciones a bárbaros. Y para que V. E. se imponga, explicaré el asunto, tomando por ejemplar las mismas reducciones proyectadas por el Santo obispo: bien entendido que todas las que se han propuesto a la Corte y emprendido por acá, han sido idénticas a estas en el modo, principio, medio y fin. Supo su ilustrísima. por algunos españoles, que por motivos de comercio pasaban de Corrientes al Tucumán atravesando el Chaco, que allí había indios, y por este mismo conducto propuso formarles reducción, ofreciendo que el rey les daría que comer y cuanto necesitasen. Estas proposiciones fueron bien admitidas, como lo son siempre, y de aquí tomó pie el señor obispo, asociado con Arias, para escribir a S. M., solicitando para fomento de sus proyectadas reducciones, la estancia del Rincón de Luna, que creo tenía ochenta mil cabezas de ganado vacuno. Accedió el piadoso ánimo del rey: pasaron dichos obispo y Arias al Chaco, conducidos de españoles, y habiendo llegado a los indios en muy pocos días, construyeron unas chozuelas de paja, retirándose Arias al Tucumán para solicitar con este mérito el grado de coronel, y el señor obispo, entonces Arcediano de Córdoba, a pasearse en las ciudades de Corrientes y Asunción. Pero dejaron en dichas chozas, a que llamaron iglesias y reducciones, dos miserables frailes, enviados por fuerza y bien ociosamente; porque, no entendiendo el idioma, eran más inútiles allí que en su convento. Pasados como dos o cuatro años, la pésima administración y el abandono arruinaron el fondo del Rincón de Luna, que parecía inagotable. Los frailes, viéndose sin asistencia y que sus tugurios les caían encima, los abandonaron, y los bárbaros, precisados a correr bestias por no morir de hambre, volvieron a ser errantes, aunque no puede decirse que lo hubiesen dejado de ser. Todo quedó lo mismo que antes, y aun peor: porque, si fuese cierto lo que dice el señor obispo, que ya se había prostituido a muchos el agua consagrada y el primero de los sacramentos, estos bautizados son apóstatas eternos. Trató su ilustrísima de pedir nuevos fondos; yo le oí mil veces quejarse de que no se le daban: y si sus solicitudes no hubiesen llegado a tan mal tiempo, se le hubieran dado nuevos auxilios, que seguramente no habrían durado más que los primeros, ni tenido más resulta de la que vemos; que ha sido, es y será la misma siempre. La sola circunstancia de que ningún español entiende ninguno de los muchos idiomas del Chaco, convence de la imposibilidad absoluta de su reducción por medio persuasivo o eclesiástico.

Trata su ilustrísima de probar la facilidad de sus ideas con el ejemplo de los Payaguás; y con los mismos convenceré yo de quiméricos todos sus pensamientos. Estos indios, desde el año de 1744 hasta hoy, viven en la misma Asunción, capital del Paraguay, cuyo idioma es el guaraní que hablan los Payaguás, y muchos el castellano, aunque tienen lengua propia. Subsisten honradamente de su trabajo, compran y consumen muchas cosas nuestras, y nos sirven en otras infinitas. Pues ¿qué han hecho nuestros gobernadores y eclesiásticos, proponedores de gastos y nuevas reducciones, con tratarlos diariamente en sus mismas casas en idioma recíproco? Nada por cierto: ellos siguen el ateísmo, costumbres y vestuario de sus abuelos. Verdad es que ha poco, inducidos del temor y de las promesas que se les hicieron, consintieron en que se bautizasen e instruyesen los párvulos, según se avisó ostentosamente a S. M., dando la cosa por hecha. Pero ¿qué resultas ha tenido tan imprudente prostitución del bautismo? La que yo pronostiqué entonces allí mismo; que ya hoy son lo que fueron, y que los bautizados no difieren en nada de los demás. Pues, si esto sucede con tales indios, ¿qué se podrá esperar de la reducción de los del Chaco, en quienes no se encuentra idioma inteligible ni nada de lo dicho, y son incomparablemente más indómitos y fieros? Si los eclesiásticos tienen celo por la religión, ¿cómo no le ejercitan con los Payaguás y con los Guanás que van a sus propias casas todos los días, y aun con los indios, que aunque reducidos 260 años há, se duda tengan de cristianos otra cosa que el agua en la cabeza? ¿Acaso el señor obispo, que se muestra tan celoso, predicó una sola vez, ni pensó en eso, a tales indios en la larga temporada que los trató diariamente en la Asunción, estando yo allí? ¿A qué vendrá buscar paja vana tan lejos y con tanto costo, cuando tiene la mies en su casa? Si no temiera extenderme haría ver que, desde el principio del siglo XVII hasta hoy, ha habido multitud de eclesiásticos fomentados por el rey, que han emprendido lo que quiere el señor obispo, sin más fruto que gastar; y que desde el mismo tiempo apenas ha gobernado el Paraguay uno que no haya propuesto y facilitado a S. M. semejantes reducciones, sin que se haya logrado una sola. Todas las existentes allí son del tiempo de la conquista, menos tres que hicieron últimamente los jesuitas; pero todas se formaron bajo de otro fundamento que insinuaré después, y ninguna por los medios inútiles e imprudentes que hace más de siglo y medio sigue nuestro gobierno y quiere entablar el señor obispo. Mi dictamen, pues, sobre este punto es, que S. M. y sus virreyes deben precaverse infinito de todo gobernador y eclesiástico que trate de propaganda fide, para no admitir jamás sus propuestas por más ventajosas y cristianas que las pinten: porque, sobre que seguramente todo esto es inútil, y no ha tenido ni tendrá jamás un buen éxito, es vergonzoso, dejarse engañar después de siglo y medio de experiencia por gente tonta, o tal vez ambiciosa, que por este camino no busca tanto lo que aparenta, como sus adelantamientos.

Voy a tratar de la representación del señor gobernador intendente, que da noticias de algunas tentativas hechas para pacificar el Chaco, sin que yo entienda la fuerza, fatigas y trabajos que dice le ha costado el adquirirlas; pues no hay correntino ni paraguayo que las ignore, y que además no sepa que en el mismo sitio, donde el gobernador propone una población, estuvo edificada y subsistió muchos años la ciudad de Concepción de Buena Esperanza, por donde pasaba el único camino por tierra que del Paraguay iba entonces a Santa Fe, Buenos Aires, Salta, Jujuy, etc., camino que hoy se pondera como descubrimiento glorioso y feliz, y por donde transitaron el obispo, Arias y otros muchos, antes que la expedición del gobernador, conducida por prácticos españoles. Impugna la idea de franquear la navegación del río Bermejo, porque la juzga insuficiente para reducir los indios, porque dice serviría solo para comunicar con Salta y Jujuy, y no con Tarija y demás adyacentes, y porque la cree más dilatada que por tierra: pero no sé como no repara lo primero, que su proyecto tampoco reduciría a los indios ni facilitaría otro camino que el mismo, de Salta y Jujuy: lo segundo, que siempre es preferente la navegación a las carretas; y tercero, que allanada la navegación, lo estaría el camino de tierra. Ponderando las utilidades de su propuesta, cuenta muchos indicios de minerales, entre ellos uno de platina: y todo esto se reduce a un pedazo de fierro, como de dos varas cúbicas, que hay sobre un campo de arena. Asegura que en el Chaco no hiela, y bajo de esta idea, inventada en su cabeza, funda un manantial inagotable de caña, dulce, y otro de miel y cera silvestre: sin advertir que el suelo paraguayo es notablemente mejor y más abundante de todo eso, sin que le haya pasado por la imaginación proponer que se extraigan, por una navegación fácil, el azúcar, la miel y cera que ahora proyecta sacar en carretas del riñón del Chaco. A mi ver no es menos arbitraria invención suya asegurar que hay moreras en el Chaco, pues tengo muy buenas noticias de lo contrario; pero cuando las hubiese ¿cómo podrían producir la cosecha abundante de seda proyectada por el gobernador, cuando no hay gusanos? ¿Y porqué le son predilectos estos árboles en el Chaco sin haberlos visto, cuando no le ha merecido la menor atención la multitud de morales que hay en los bosques del Paraguay? No omite, entre las utilidades de su proyecto, la prontitud y seguridad de conducir azogues al Perú y de retornarlos situados; y es porque seguramente ignora que Potosí está más cerca de Buenos Aires por el camino seguro de hoy que por el que el gobernador quiere abrir, atravesando los caudales por entre multitud de bárbaros, que está cierto no los embarazarían. Propone dos poblaciones; una en la costa occidental del río Paraguay, en frente de Remolinos, sin decir qué ventaja tendría sobre la que tenemos allí mismo, en frente, a solas 500 varas de la que proyecta; incitado, según dice, de la comodidad de un puerto, cuando no hay tal puerto ni más comodidad allí que en cualquiera otra parte del río. Establece la segunda población en la costa del Bermejo, 70 leguas de la primera, que es cabalmente el sitio que ocupó la mencionada Concepción. Con esto solo cierra su proyecto, asegurando y respondiendo con la mayor firmeza, que se alcanzarán todas las ventajas insinuadas y otras muchas, y que se reducirán los bárbaros como se quiera, porque cree no son tan ferinos como antes, y porque entre ellos son los principales los Mataguayos o Matacos, que están casi reducidos y habitan el río Bermejo de cabo a rabo. Sin duda ignora nuestro gobernador, que la citada Concepción se fundó con españoles; de aquellos que valían uno por mil de hoy, y que aquellos héroes, en muchos años de trabajos, no adelantaron un cabello contra la audacia y ferocidad de los mismos indios que ahora se facilitan y desprecian: sin reflexionar, que cuando nuestros conquistadores de dicha ciudad hicieron todos sus esfuerzos, eran los indios de a pie y estancionarios, y que hoy están bien montados y son errantes. En fin, es inútil cansarse de hablar de la representación de un gobernador, que ignora el número de indios, sus diferentes idiomas, su habitación, sus calidades físicas y morales, las del Chaco, la situación, comercio y distancias de los lugares que cita, el costo de las poblaciones que proyecta, el importe de lo que pide, y por decirlo de una vez, ignora su mismo proyecto. El cabildo del Paraguay, conociendo lo que era capaz de escribir su gobernador, y temeroso de que sorprendiese al rey con sus papeladas, cuyo efecto sería infaliblemente gravoso y perjudicial a la provincia, escribió a S. M. con el fin de entorpecer tales caprichos. Cuanto dice en su representación lo oí, y aun vi mucho entonces: pero no es ya tiempo de tratar cosas pasadas de esta especie.

La representación de León se limita a ponderar su proyecto dirigido al rey para pacificar y reducir el Chaco: pero, como no se me ha pasado el tal proyecto, solo puedo decir que le vi un momento tres años há, y que confusamente me acuerdo que en parte no está bastante especificado, y que las gracias que pedía me parecieron exorbitantes y opuestas al comercio en general. Esto es, que el asunto era más bien negocio que otra cosa, y por tanto se debe examinar mucho, sin lisonjearse de conseguir el fin. Entonces di yo una nota sobre este proyecto al señor virrey don Pedro Melo de Portugal. Es muy del caso tenerla presente, y debió acompañar al expediente.

En materia de proyectos para reducir y pacificar el Chaco, creo debe V. E. tener por principio fundamental, positivo y cierto, que las utilidades que se conseguirían, serían únicamente extraer alguna sal de unas lagunas junto al Bermejo; poder conducir la hierba del Paraguay en derechura a Tucumán y Potosí; y la facilidad de criar innumerables ganados para cueros. Todo lo demás es soñar, porque del Chaco no hay que esperar otra cosa que merezca la pena. Aun lo dicho no es lo que ponderan: porque la sal solo serviría para surtir a Corrientes y Paraguay, donde no falta, aunque con algún trabajo: la ventaja de la hierba no es cosa mayor, pues aunque hoy se da el grande rodeo de bajarla a Buenos Aires, esto no tiene otro costo que el despreciable de real y medio por arroba, en la corta cantidad que se consume en Potosí y por aquellos destinos: y por lo que hace a ganados, es asunto muy largo, por las dificultades que opondrán los indios; y si en Buenos Aires y Montevideo se aumenta, como puede, el ramo de cueros, tendrán poca cuenta los del Chaco, que apenas se podrían extraer, por uno u otro río, de las dehesas o estancias inmediatas.

Otro principio, a mi ver igualmente cierto, debe admitir V. E. y es, que los indios del Chaco jamás se reducirán por los medios eclesiásticos o persuasivos, intentados mil veces en 260 años sin el menor fruto. Tampoco se conseguirá el fin por el medio que emplearon nuestros jesuitas en sus tres últimas reducciones, que fue sujetar a los bárbaros con los indios ya reducidos: pues como estos son todos Guaranís o Tapes, y mil de ellos no bastan para imponer respeto y sujeción a cincuenta del Chaco, que son de otra casta, seis pulgadas más elevada, y de mucho más vigor y pujanza, es inútil tal expediente. Lo mismo digo del de la fuerza: pues al mismo tiempo que vemos que los conquistadores, usando de su vigor heroico, formaron todas las reducciones existentes del Paraguay y jesuíticas, menos las tres citadas que son las únicas modernas, consta por experiencia, que los pobladores de la mencionada Concepción nada pudieron conseguir: y menos hay que esperar en el día, cuando somos ignorantes y flojos contra unos indios soberbios, altaneros, astutos, y que nadie puede perseguir, por estar mejor montados que nosotros, y que se trasplantan por inmensos países con una ligereza que nadie puede disputar, sin necesitar nuestras provisiones y equipajes.

En estas circunstancias, lo que encuentro mejor y único en el día es, entablar buen trato y comercio con dichos bárbaros, para que por su propio interés conserven la paz, como vemos sucede en el Paraguay con los Payaguas y los Guanás, y en Buenos Aires con los Pampas; resultando que unos y otros aumenten considerables ventajas al comercio, y que algunos, cansados o enfermos, se establecen entre nosotros, haciéndose católicos. En Buenos Aires hay un fondo grande en el ramo de guerra, de que se emplea una pequeña parte en regalar oportunamente a los caciques, y también pudiera y debiera suministrar 2.000 pesos a Santa Fe, para que los distribuyese lo mismo en los caciques fronterizos del Chaco. El Paraguay tiene otro ramo de guerra de 4.000 pesos anuales, y deben gastarse en lo propio siquiera la mitad, y no con la arbitrariedad con que se invierten, sin que nadie sepa en qué. A Córdoba y Salta tampoco le faltan iguales proporciones, sin que para todo eso sea menester que gaste el erario, ni recurrir a nuevos impuestos. También se pudiera intentar educar en los colegios del Paraguay y Buenos Aires, con los mismos fundos, algunos hijos de dichos indios, para que, sirviendo de rehenes, fuesen a verlos con frecuencia sus padres y palpasen que se les vestía y trataba bien. No sería malo que del Paraguay, Santa Fe, Tucumán, etc. se fuesen avanzando los presidios, aprovechando las coyunturas favorables en que lo permiten los indios, para que a su abrigo se adelantasen las poblaciones y dehesas.

Toda otra idea o pensamiento, en las circunstancias actuales, no producirá sino pérdidas de tiempo y dinero, con muchos embarazos y ocupaciones en el mando, ni será en su origen sino fines particulares. Por ejemplo, los proyectos de Matorras no tuvieron otra mira real que pillar el grado de coronel con el gobierno de Tucumán, y enriquecer: los del señor obispo conseguir la mitra, y luego, con su primera representación, el gobierno del Paraguay para su pariente don José Antonio Arias Hidalgo, y con la segunda, el que S. M. le sacase y regalase las bulas. Don Francisco Gavino de Arias tampoco pensó sino en su grado de coronel; la representación del gobernador no tuvo otro objeto que obtener el grado de coronel, perpetuarse en el gobierno, y lograr algunos grados para sus satélites, proponiéndolos como héroes de una expedición a que a lo menos algunos no asistieron; y la de León es un negocio particular, de aquellos que suelen hacer con el rey, propuesto por uno que ignoro tenga caudal, oficio ni beneficio. Sin embargo, todos no respiran sino desvelos por el bien del Estado, celo de la conversión de innumerables bárbaros, ideas grandes y elevadas, amor al rey, patriotismo, trabajos padecidos, y dineros gastados de sus peculios. Pues sepa V. E. que en todo esto y lo demás que refieren, no hay otra verdad que la de decir que el Chaco es un manantial inagotable de riquezas: porque es preciso permitirles que hablen así de un país que les ha dado y da pretexto fácil de enriquecerse, logrando grados y los tesoros que solo ellos sacan del Chaco, sin más trabajo que el de aburrir con sus farándulas. No piense V. E. que hablo con pasión, sino lo que sé y he visto; ni que tengo otro motivo que el de decir lo que entiendo con la franqueza y eficacia que exige la materia, y el sentimiento que me causa ver al rey y a sus virreyes engañados con tanto perjuicio de la monarquía.

Aunque la real cédula dispone que sobre estos particulares informe también el capitán de navío, don Diego de Alvear, juzgó V. E. ocioso este paso, porque las largas distancias donde ha estado este oficial, no han podido proporcionarle adquirir los conocimientos con que se les supone: además de que, hallándose tan distante, se pasarían bastantes meses en evacuar esta diligencia. Yo soy del propio sentir, pues dicho señor Alvear no puede tener otras noticias que las históricas, que no pueden diferir de las mías. Si, no obstante de que considero que nada se adelantará con tal informe, V. E. lo juzgare preciso, será bueno que no vea el mío, para que sea el suyo más justo y cabal.

Nuestro Señor guarde a V. E. muchos años. Buenos Aires, 19 de febrero de 1799.

Excelentísimo señor.

Félix De Azara

Excelentísimo señor virrey don Antonio Olaguer Feliú

Excelentísimo señor

Me pasa V. E. dos representaciones del difunto señor obispo del Paraguay, don Lorenzo Suárez de Cantillana, otra del gobernador de aquella provincia, don Joaquín Alós, todas dirigidas a reducir y poblar el Gran Chaco; y otra del Cabildo secular de la Asunción, oponiéndose. Sobre las cuatro informé al antecesor de V. E. el 19 de febrero de este año; y solo me resta que hacer lo mismo con la de don Manuel Victoriano de León, que no se me pasó entonces, y ahora lo hace V. E.

Este proyecto, dirigido al mismo fin, tiene una apariencia tan magnífica y ostentosa, que ha merecido general aprobación: y en verdad que la idea en sí es más bien pensada que las citadas. Pero como para resolver en materias graves no basta consultar apariencias, sino que es menester ver las cosas coma son en sí, esto es lo que voy a hacer; y principiaré comparando lo que pide con los gastos que ofrece impender, porque el proyecto no da idea suficiente en este punto tan sustancial y necesario.

Pide desde luego, y por diez años, el importe de la sisa de Salta, con que se mantienen hoy los 350 blandengues y los presidios que se reputan indispensables en aquella frontera. Esto en los diez años dejaría al proyectista
$525.000

Solicita además la gracia inquitable de introducir, como se le antoje, 2.000 negros bozales, y venderlos en Chile, Lima y Perú. El precio común de un negro en el Perú es 450 pesos, y los 2.000 valdrían 900.000. Con este caudal se comprarían en el río de la Plata 720.000 cueros al pelo, a 10 reales cada uno, que es precio medio; y libertándolos, como pide, del derecho de ramo de guerra, que es de 2 reales cada uno, utilizaría
180.000

Suma de la vuelta
525.000

La alcabala en Buenos Aires de los mismos cueros, regulando a peso cada uno, y un medio por ciento del derecho del Consulado, de que también quiere que se le liberte, importa
325.400

El peso de los mismos cueros, uno con otro, se sabe es de 28 libras. Cada uno paga a la entrada en España 4 maravedíes, rebajando del peso total el 15 % a título de avería; y la exención que pide de este derecho, asciende

133.875

La libra de los mismos cueros paga de extracción de España a puertos extranjeros, 6 maravedíes sin rebaja; y la exención de este derecho que solicita, importa

630.000

Como estas dos últimas partidas serían satisfechas en España, utilizaría los derechos del Consulado y del rey con los fletes, que todo sube a 9 1/2 % y dejaría una ventaja de

72.568

No hago caso del donativo que hoy se da en España con motivo de la guerra, porque supongo que el proyecto no se hará sino en tiempo de paz; y resulta una suma total

1.573.843

Esta cuenta es ajustada. Voy a otra, expuesta a error por la oscuridad del proyecto, y por entrar en ella algunas partidas computadas por la prudencia. Ofrece el proyecto reclutar, reemplazar y alimentar, o pagar sueldo por diez años, a 750 soldados que guarnezcan treinta fuertes, y a ochenta más de dos partidas volantes. La tropa más barata es la de blandengues, y los 600 de la frontera de esta capital cuestan 90.000 pesos anuales. A este respecto consumirían los 830 en diez años

1.245.000

Suma del frente   1.573.843

Esta tropa se proyecta casada: se ha de reclutar en las provincias inmediatas a distancia media de 100 leguas, y no es de creer que abandonará su rancho, que a lo menos valdrá 30 pesos, por ir a un destino peligroso a que tiene horror y miedo, sin buen enganche: el cual, junto con la habilitación y conducción de muebles y equipaje, regulo en 200 pesos por familia, lo que en las 830 asciende

166.000

Las cien o más familias, para una villa o población que ofrece hacer, reguladas al mismo respecto, y su alimento por un año a 100 pesos, importan

30.000

Los treinta fuertes que ofrece hacer de estacada, y los edificios y oficinas correspondientes, aunque sean de barro y paja, parece han de importar

60.000

Las casas de la población, su iglesia y edificios públicos decentes, y las diez capillas que también ofrece en los fuertes, parece no pueden bajar de

60.000

Los muchos empleados, las averías por la oposición de los indios, las disparadas de ganados, las deserciones con pérdida de los enganchamientos, etc., no deben regularse en menos de

80.000

Suma de los gastos   1.641.000

Exceden a las utilidades en

67.157

En este momento me parece oír a V. E. que hace estas reflexiones: «Olá el proyecto dice que nada tendrá que gastar el erario; pero es evidente que de él han de salir en diez años 1.573.843 pesos: porque, entregando la sisa y aniquilándose el ramo de guerra, nadie sino la real hacienda habría de suplir estas faltas, pagando a los blandengues de Salta y Buenos Aires, y el resto lo dejaría de percibir en sus derechos, que es lo mismo que entregar. Y qué ¿hay quien quiera gastar de su peculio 67.157 pesos, sufriendo infinitos trabajos y peligros? ¿Esto intenta quien no tiene nada? ¿Acaso el hombre no sabe sacar cuentas, pues da a entender que su proyecto le costará como 200.000 pesos, cuando parece no ha de bajar de 1.641.000? Pero, observo que ofrece buenos fiadores de 200.000 pesos, y estos no puedo creer sean bobos. Pues, ¿en qué estará el misterio? A precaución pensaré lo posible, porque he visto que lo es todo en América. Factible sería que los que comprasen tales negros a 450 pesos certificasen haberlos pagado en mucho más, con lo que crecería la partida de extracción de cueros y las utilidades a proporción. Malo sería que se les metiese en la cabeza no principiar el proyecto hasta el último año, y hasta el último día, si pudiese ser, para no tener que pagar a los 830 soldados, sino un año o un día. No, que yo los hostigaré para que principien: pero ¿qué haré, si me dicen que están reclutando, que ya tienen la mitad, que no encuentran, u otras cosas, apoyándolas en cartas de sus comisarios? Les forzaré en todo caso, para que a tenor de la contrata paguen dicha tropa por diez años. ¿Y si me justifican que está ya cumplido el proyecto, aunque solo esté iniciado? Con 124.500 pesos, que dejaría un solo año de ahorro, se puede intentar mucho. ¿Quién sabe si se ha pensado que la tal tropa irá al Chaco por un pedazo de carne de toro? Pero no es de creer haya gente tan mentecata; a no ser que sean Tapes, que valen tanto como nada, porque los españoles vigorosos, como se suponen, pueden ganar sin peligro 8 pesos al mes en cualquier parte. Como quiera, esto me hace recelar cuando el proyecto no habla de sus oficiales, nombramientos y disciplina, bien que esto se dará, por supuesto: pero no especifica las pagas, diciendo únicamente que los alimentará o dará sueldo, que es una disyuntiva que podría servir para anular el proyecto si no tuviese cuenta, pidiendo el abono de los adelantamientos. ¡Qué cuentecilla sería esta! Observo por otro lado que los 900.000 pesos se pueden aumentar con certificaciones, que acrediten haber comprado los cueros a menos de los 10 reales que se han calculado. Pero sin esto veo que de dicha cantidad resultan al proyecto todas las utilidades, menos la de la sisa, que ascienden a 1.018.970 pesos; lo que es una ventaja sobre todo comerciante, y asciende a más de 113 %. De aquí resultaría necesariamente un estanco total de los cueros, que viene a ser lo mismo que forzar a todo comerciante a dejar el oficio, y a los estancieros a abandonar sus ganados. El tal estanco no tendría, por límites el tiempo, ni lo que daría de sí el proyecto de los cueros; pues se ve que el proyectista se reserva la facultad de hacer uso de las gracias que pide cuando le acomode, aun pasados diez años; y es de sospechar que haría uso de los privilegios con la mayor economía, y cuanto bastase para destruir a todo comerciante, y hacer entonces el comercio como particular: hasta que observase que los comerciantes compraban cueros para volver a usar de la gracia, y forzarles a que le vendiesen los cueros al precio que él quisiese comprarlos, eternizando así su privilegio. Noto ahora que no suena en el proyecto ningún interventor de lo que se haga, y de la elección de sitios, ni se explica la calidad y magnitud de la iglesia y capillas, ni la de los demás edificios, ni la capacidad de los fuertes, etc.; pues aunque da el plano de la población, es sin escala. No me gustan estas oscuridades, ni otras muchas ambigüedades».

A estas consideraciones tan prudentes de V. E. agregaré, que donde el proyecto propone una población, se fundó el 15 de abril de 1585 la ciudad de la Concepción de Buena Esperanza, con 135 españoles conquistadores, de aquellos que valían infinito más que nosotros; y que después de una guerra cruda y continua, tuvieron que abandonar el sitio el año de 1632, a impulso de los indios que estaban a pie: de donde no es difícil pronosticar lo que se puede esperar de la población proyectada, y de los mismos indios a caballo. Pero, prescindiendo de esto y de otras cosas que omito por no cansar, demos por sentado que todo salió a nuestro gusto, fiel y lealmente, sin los inconvenientes que V. E. ha pensado. ¿Qué es lo que nos deja el proyecto? Treinta fuertes, diez capillas, una población, y 830 blandengues que mantener eternamente. Esto es, 124.500 pesos a lo menos que desembolsar anualmente, y una continua ocupación y cuidado para el virrey y la Corte. No crea V. E. la patraña de las perlas y otras ventajas que se alegan, ni la reducción de los indios, que serán libres para establecerse donde quieran en la misma extensión, desde Santa Fe a los Chiquitos, sin que el proyecto pueda embarazarlo. Tampoco hay que esperar minas, porque no las hay. Cuanto produce el Chaco lo da nuestro Paraguay, donde lo podemos beneficiar sin susto ni costo, y sacarlo por el río sin que sea más larga la distancia. La jacarandá no existe en el Chaco como dice; y bien pudiera saber el proyectista que las lagunas que pondera no producen la sal que supone, pues solo recogió en ellas dos petacas de sal, cuando quiso poner en práctica otro proyecto sobre la tal sal, y no le salió la cuenta. En cuanto a cría de ganados sería muy poca, estando la gente unida en los fuertes y población proyectados; y aunque pudiera ser grande en el Chaco, para esto era preciso situar las estancias muy distantes, que sería lo mismo que entregar a los bárbaros los ganados y las vidas. Además de que ¿es posible pensemos en poseer unos campos del riñón de nuestros dominios, con tanto costo y peligro, y tan distantes, cuando nos sobran en ambas bandas del río de la Plata, sin que nadie embarace que criemos millones de ganados sin costo especial? Se dirá que el proyecto abre un camino del Paraguay a Salta: pero ¿qué comercio se hará por él? En su informe citado de 19 de febrero he dicho la poca utilidad de esta idea.

Y concluyo, que el proyecto es absolutamente inadmisible por las reflexiones de V. E., por su inutilidad, porque destruiría el comercio, el país y el erario, y por lo oscuro y ambiguo que es. A esto se reduce mi dictamen, y V. E. resolverá lo que tuviere por conveniente.

Dios guarde V. muchos años, Buenos Aires, 5 de agosto de 1799.

Excelentísimo señor.

Félix de Azara
Excelentísimo señor virrey, marqués de Avilés

Libros a la carta

A la carta es un servicio especializado para
empresas,
librerías,
bibliotecas,
editoriales
y centros de enseñanza;
y permite confeccionar libros que, por su formato y concepción, sirven a los propósitos más específicos de estas instituciones.

Las empresas nos encargan ediciones personalizadas para marketing editorial o para regalos institucionales. Y los interesados solicitan, a título personal, ediciones antiguas, o no disponibles en el mercado; y las acompañan con notas y comentarios críticos.

Las ediciones tienen como apoyo un libro de estilo con todo tipo de referencias sobre los criterios de tratamiento tipográfico aplicados a nuestros libros que puede ser consultado en Linkgua-ediciones.com .

Linkgua edita por encargo diferentes versiones de una misma obra con distintos tratamientos ortotipográficos (actualizaciones de carácter divulgativo de un clásico, o versiones estrictamente fieles a la edición original de referencia).

Este servicio de ediciones a la carta le permitirá, si usted se dedica a la enseñanza, tener una forma de hacer pública su interpretación de un texto y, sobre una versión digitalizada «base», usted podrá introducir interpretaciones del texto fuente. Es un tópico que los profesores denuncien en clase los desmanes de una edición, o vayan comentando errores de interpretación de un texto y esta es una solución útil a esa necesidad del mundo académico.

Asimismo publicamos de manera sistemática, en un mismo catálogo, tesis doctorales y actas de congresos académicos, que son distribuidas a través de nuestra Web.

El servicio de «libros a la carta» funciona de dos formas.

1. Tenemos un fondo de libros digitalizados que usted puede personalizar en tiradas de al menos cinco ejemplares. Estas personalizaciones pueden ser de todo tipo: añadir notas de clase para uso de un grupo de estudiantes,

introducir logos corporativos para uso con fines de marketing empresarial, etc. etc.

2. Buscamos libros descatalogados de otras editoriales y los reeditamos en tiradas cortas a petición de un cliente.